PRIMER NIVEL:
APRENDE
CANTO
FÁCILMENTE

PRIMER NIVEL:
APRENDE
CANTO
FÁCILMENTE
POR VICTOR M. BARBA

EXCLUSIVELY DISTRIBUTED BY

HAL•LEONARD®
CORPORATION

Cover photograph by Randall Wallace
Project editor: Ed Lozano

Order No. AM 974413
US International Standard Book Number: 0.8256.2732.X
UK International Standard Book Number: 0.7119.9478.1

Printed in the United States of America by

ÍNDICE

INTRODUCCIÓN

MÚSICA FÁCIL... ¡CON ESTE LIBRO ES REALMENTE FÁCIL!

En muy poco tiempo vas a darte cuenta como puedes Cantar fácilmente, con un poco de práctica y estudio vas a poder cantar canciones y tararear melodías sin desafinar. Por supuesto no serán todas las canciones que ya conoces o esperas poder cantar, pero con la ayuda de este libro, tendrás idea de cómo se canta una canción y cómo puedes, con poco, crear mucha música, y por supuesto cantar en un grupo. Así podrás también cantar canciones conocidas de tus artistas favoritos y los ritmos que te gustan.

En este libro aprenderás entonación, afinación, cuadratura, a conocer tu registro de voz, a leer las notas, a subir y bajar la voz y a reconocer los sonidos por oído y repetición.

No trates de cantar todo el libro enseguida. Estudia primero y practica mucho cada ejemplo. La música tiene que ser divertida, y por eso lo es también este libro. Puedes escuchar todas las canciones en su totalidad para que tu mismo las cantes. Verás que con un poco que estudies serás capaz de cantar tus propias canciones. Recuerda que quizá no conozcas muchas de las canciones que se incluyen en este método, pero sí son muy parecidas a todas esas canciones que escuchas en la radio y en tus discos compactos.

Este libro contiene además ejercicios de vocalización para que sueltes las voz.

Ojalá disfrutes tanto con este libro, como yo disfruté al escribirlo.

El disco compacto (CD) incluye todos los ejemplos completos. Algunos contienen el arreglo completo de la canción y se escucha como tema musical. Otros, sin embargo, contienen solamente la melodía con el piano. De cualquier manera vas a escuchar la *tonadita* de la canción y eso es lo que importa, porque la vas a tratar de hacerlo igual con tu voz. Trata de aprenderte las notas en el pentagrama y de esa manera vas a cantar usando sílabas de vocalización. Para oír la canción fíjate en el número de la estrella rodeada por un círculo.

 Por ejemplo, ésta es la canción numero 4, y es el tema musical número 4 del CD. Es muy fácil, al igual que toda la música de este libro.

Te felicito por querer aprender música. Practica mucho y aprenderás.

INSTRUMENTO

Es bueno que conozcas tu instrumento lo mejor posible. Las partes mas importantes del instrumento, son las siguientes: tanto si cantas en la ducha o si quieres cantar en un concierto, tu instrumento lo llevas contigo día y noche. A diferencia de un piano o de una trompeta, tu instrumento es la voz, tus pulmones, la garganta, la boca, el oído, el cerebro, en fin, tu cuerpo. Esto no quiere decir que porque este instrumento forma parte de ti ya sepas tocarlo; hay que aprender este instrumento también.

Por eso es muy bueno estudiar, y este libro te va a ayudar mucho en esto. Practica las escalas igual como si practicaras escalas en un piano o una guitarra, Cuanto más vocalices, mejor vas a cantar.

Suerte en tu nueva aventura para aprender a cantar.

AFINACIÓN

La afinación es el acto de afinar. Se llama afinar un instrumento a ajustarlo al tono musical correcto. Por ejemplo, la nota de LA, se debe oír igual en cualquier instrumento. El teclado electrónico, normalmente está siempre afinado de fábrica, si tocas la nota LA, se oye LA. La guitarra no suele venir afinada. Para afinar la guitarra se tensan o aflojan las cuerdas. Por eso hay que afinar la guitarra igual al teclado, y el bajo, y la voz, en fin, todos los instrumentos deben de estar afinados antes de usarlos.

La afinación cuesta un poco de esfuerzo al principio por falta del oído musical. De momento, no te preocupes mucho. Pide ayuda a alguien que sepa afinar tu instrumento y practica siempre con el instrumento afinado. Incluso los pianos acústicos se tienen que afinar y para eso hay profesionales que afinan pianos. La guitarra o el bajo, son más sencillos de afinar que un piano. Trata de no tocar con el instrumento desafinado. La bateria también se afina, aun cuando no tiene tonos, si tiene sonidos y los tambores deben estar bien afinados. No te preocupes mucho si no sabes afinar tu instrumento todavía, poco a poco vas a oír mejor las diferencias entre un instrumento afinado y otro que no lo está y lo vas a poder hacer por tu cuenta. Ejercita mucho el oído, es la base de la afinación.

NOTAS

La música se escribe con *notas,* que son las bolitas y palitos que has visto muchas veces. En este libro vas a aprender para qué sirven las notas y cómo usarlas.

Las notas representan sonidos. Cuando ves una nota, representa un sonido. Si ves 5 notas, son 5 sonidos, y así sucesivamente. El sonido puede ser igual o diferente. Si la nota está en la misma rayita o en el mismo espacio entonces el sonido es *igual.* Si las notas van subiendo, por ejemplo una en cada línea del pentagrama, entonces cada sonido es *diferente.*

Además de sonidos *iguales* y *diferentes.* Hay sonidos *graves,* (o notas graves) Como los que hace el bajo o la tuba. También hay sonidos (o notas) *agudas,* como las del violín, la flauta o la trompeta.

Existen también los sonidos *cortos* (que sólo duran poquito tiempo) o sonidos *largos* (que duran muuuuuuuuucho tiempo). Por eso el *tiempo* en la música es lo principal, si no existiera el tiempo, no se podría tocar música.

Las *notas* pueden ser *iguales* o *diferentes. Altas* o *bajas. Cortas* o *largas.*

Ésta nota es la *redonda* o 1 entero y dura 4 tiempos.

Ésta es la *blanca* o 1/2 y dura 2 tiempos, por eso hay 2 en un compás.

Ésta es la *negra* o 1/4, esta nota dura 1 tiempo hay 4 en un compás.

Todas las *notas* se escriben en un *pentagrama.* Recuerda que para escribir música se utiliza una método que representa el sonido. El sonido tiene muchas cualidades, puede ser: agudo, grave, largo, corto, de poco volumen, de gran volumen, entre otros. El *pentagrama* se utiliza para poder representar la música por escrito.

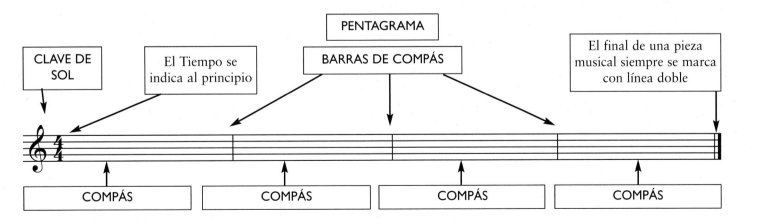

CLAVE DE SOL

El Tiempo se indica al principio

PENTAGRAMA

BARRAS DE COMPÁS

El final de una pieza musical siempre se marca con línea doble

COMPÁS   COMPÁS   COMPÁS   COMPÁS

La música se divide en *compases;* un compás es la distancia que hay en medio de dos barras de compás.

El *pentagrama* tiene 5 líneas y 4 espacios. Las líneas se cuentan de abajo a arriba.

| 5 Líneas | | 4 Espacios |

| En el compás de 4/4 hay 4 notas de 1 tiempo cada una. Se usa para baladas, boleros, y la mayor parte de la música. Es el compás más común. | En el compás de 3/4 sólo hay 3 notas y se usa para las rancheras, o vals, o música norteña de 3/4. Este compás también es muy común. | En el compás de 2/4 sólo hay dos notas. Se usa para la cumbia y música de corridos o ranchera. También se usa mucho. |

Hay más tipos de compases, pero después los aprenderás. De momento aprende estos tres.

ENTONACIÓN

La *entonación* es cantar en el tono de la canción. Voy a poner como ejemplo los colores, que de hecho la música también tiene *colores*, pero colores musicales.

Si yo digo rojo y alguien mas repite azul o verde eso está *desentonado*. Esta fuera del tono. Esto se corrige escuchando mucha música y tratando de subir o bajar la voz para igualar el sonido. La mejor forma para evitar este problema es estudiar piano al mismo tiempo que vocalización. El piano ayuda a oír mejor, mientras que la vocalización ejercita la voz.

En la música hay sonidos graves y agudos. La voz tiene que cantar el sonido musical exactamente igual; si se toca un SOL la voz tiene que cantar un SOL, si canta MI o LA o FA♯, como en el ejemplo de los colores, está *desentonado*.

Por eso es buena idea que estudies piano y a escuches mucha música.

AFINACIÓN

Seguimos con el ejemplo de los colores. Dentro del azul hay azul pastel, azul claro, azul oscuro, azul verdoso, *etc*. En la música ocurre lo mismo. Por ejemplo de DO a RE, que son dos colores distintos como decir azul y verde, hay más colores un poco diferentes, como azul verdoso, este color que esta en medio de los dos. Si comparamos ese ejemplo con las notas DO y RE, ese color vendría siendo DO♯ (DO sostenido), que está en medio de los dos. Aun así, en medio de Do y de Do# hay más colores. Cuando se toca Do y repites Do pero un poquito más arriba, entonces estás *desafinado*. Si cantas Do pero un poco más alto o bajo sin llegar a ser Do# ni Si; no es Do exactamente; es decir has desafinado.

Este problema es casi tan malo como estar *desentonado*, pero se puede corregir escuchando mucha música, estudiando piano, y vocalizando. Lo más importante es prestar mucha atención a las notas y al sonido y tratar de reproducirlo exactamente igual.

CUADRATURA

Cuando una persona canta *chueco* o fuera del tiempo, se le dice que esta *descuadrado*. Recuerda que musicalmente las notas se tocan en un tiempo exacto dentro de la canción. La música se mide en tiempos, 1 tiempo, 2 tiempos, 3 tiempos, 4 tiempos, *etc*. Si el Do se canta en el 2do tiempo, y el cantante lo canta en el 2do y medio, o sea después del tiempo, eso está *descuadrado*, o sea que esa persona no está midiendo bien el tiempo. Este problema se corrige de forma relativamente más fácil que los otros dos (desentonado y desafinado). Para evitar estar *descuadrado* se debe oír mucha música y *contar* en voz alta los tiempos. Al mismo tiempo que se va escuchando la música se va contando. Si te fijas, esto tiene que ver con el ritmo y el ritmo se siente en todo el cuerpo. Por lo tanto se debe contar en voz alta y sentir en donde está el 1 y en dónde está el 4 o el 3 *etc*. Después de sentirlo en voz alta, se puede comenzar a contar usando los dedos o golpeando con las palmas de las manos o con golpecitos de el pie y cantando la canción. Por supuesto se debe oír si la nota esta en el 2 o en el 2 y medio. Es por eso que se debe tener buen oído por lo que es buena idea saber música, y estudiar solfeo y piano.

SENTIMIENTO

El *sentimiento* se aprende, sintiendo la canción. Cada canción tiene una letra y una historia que contar, si la historia es triste, pues el cantante tiene que sentir tristeza, si la historia o canción es alegre, pues el cantante tiene que mostrar alegría a la hora de cantar. La gente que escucha la canción tiene que sentir el sentimiento que el cantante intenta transmitir. Hay cantantes que cantan muy entonados, muy afinados, y muy cuadrados, pero sin sentimiento, estos son malos cantantes. Es preferible cantar un poquito descuadrado o desafinado, pero con mucho sentimiento. Por supuesto que los que cantan perfectamente entonados, muy afinados y bien cuadrados y, además, le ponen mucho sentimiento a la hora de cantar, estos son muy buenos cantantes y son los que menos abundan. Si te gusta cantar y quieres hacerlo de la mejor manera posible, trata de practicar mucho, oír mucha música y estudiar solfeo, piano, y vocalización. Te *garantizo* que vas a mejorar. Yo llevo muchos años de maestro y lo he comprobado muchas veces que alguien que comenzó desentonado, desafinado y descuadrado, tras estudiar mucho, logró *entonarse*, *afinarse*, y *cuadrarse*. Eso es algo que realmente merece la pena.

Para terminar queda añadir que también hay *colores* en la que se pueden desarrollar a través de técnicas avanzadas, para falsete o vibrato. En este primer curso nos vamos a concentrar en entonar, afinar y cuadrar la voz.

IMPORTANTE

Para tocar una canción o acompañarla, necesitas *sentir la música*. Esto lo puedes lograr a través de la práctica y el estudio. Hay tres elementos muy importantes que forman parte de la música:

Ritmo
Melodía
Armonía

RITMO

El *ritmo* es un patrón musical formado por una serie de notas o unidades que son de duración diferente. Por ejemplo la música disco, la cumbia, o la mayoría de música bailable tienen un ritmo muy marcado. La batería es un instrumento de percusión que marca el ritmo. Más adelante vas a entender mejor lo que es el ritmo. El ritmo puede expresarse con un sólo sonido o por varios sonidos. Éste es un ejemplo de ritmo usando un sólo sonido:

MELODÍA

La *melodía* es una sucesión de notas musicales que forman una frase musical o idea. Quiere decir que si creas un ritmo con diferentes sonidos, formas una melodía. Las melodías pueden (y deben) variar el ritmo, para que no sean monótonas o aburridas. Las melodías dependen mucho del compositor o del estilo de música del que se trate.

ARMONÍA

La *armonía* es la comprención de las escalas y los acordes. Cuando tocas varias melodías al mismo tiempo, por ejemplo una con piano, otra con guitarra y al mismo tiempo tocas el bajo, cada instrumento va haciendo una melodía diferente (la melodía es como una tonadita). Cuando eso pasa, hay momentos en que suenan tres notas o más al mismo tiempo, y eso forma los *acordes*. La armonía es la parte de la música que estudia los acordes y cómo se deben de usar para formar progresiones de acordes o círculos para poder así acompañar las canciones.

EL REGISTRO DE LA VOZ

El ser humano puede cantar diferentes sonidos (o notas) desde las más graves, hasta las más agudas. La voz del hombre es mucho más grave o baja que la voz de la mujer o la de los niños. En música las voces se dividen por nombres: La voz de mujer mas alta se llama *soprano*, le sigue *mezzo soprano* y luego la más baja *contralto*. En los hombres la más alta se llama *tenor* le sigue el *barítono* y por último muy bajo se le dice *bajo profundo*. Eso no quiere decir que todos pueden cantar todas esas notas, cada persona puede cantar un número limitado de notas dependiendo de su registro.

Hay que tomar en cuenta que así como el teclado tiene límites (o sea que se pueden tocar sólo unas cuantas notas) la voz humana también tiene un límite que se conoce con el nombre de *registro*. El registro de cada persona varía de acuerdo a su capacidad innata y el conocimiento que adquiera al estudiar. Recuerda es muy importante seguir estudiando.

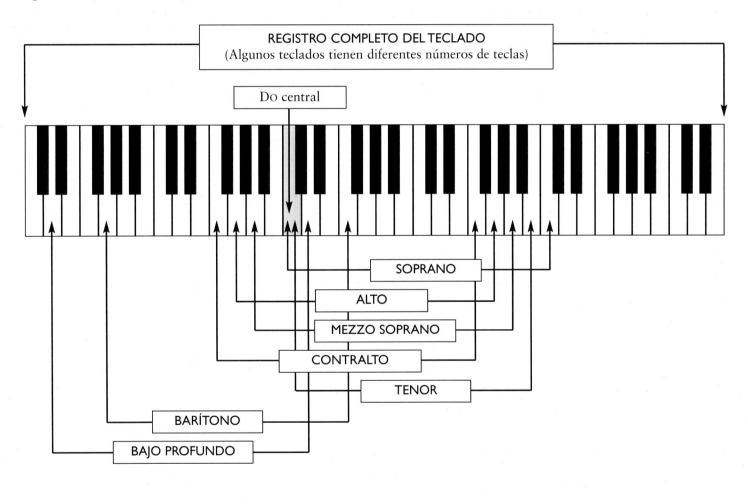

El Do central es la única nota común para todas las voces humanas.

14

Voz de mujeres
y niños:
soprano
mezzo soprano
contralto

Voz de hombres
tenor
barítono
bajo profundo

Do central

Si todo esto se te confunde un poco, no te preocupes que con un poco de estudio de la música lo vas a entender. Si tienes la oportunidad pregúntale a alguien que esté familiarizado con estos conceptos para que lo entiendas mejor.

MELODÍAS COMO ÉSTAS

Estas son algunas melodías muy simples que cualquier persona hombre, mujer, niño, o niña debe de poder cantar. Si no puedes cantar estas 3 melodías, entonces debes de practicar mucho el *oído interno*, o sea, escuchar con mucha atención cada una de las notas y sonidos que oigas y tratar de repetirlos igualito que el piano.

El canto se estudia con el *piano* porque es el que tiene la afinación mas precisa.

Fíjate en el piano (Reg 1), el *registro* tan pequeño que hay para poder cantar estas canciones. es por esa razón que son tan fáciles.

REG 1

La nota más baja es SOL y la nota más alta es RE.

⭐2 Esta canción hay una nota más alta que la primera canción, la nota RE. Siente cómo tienes que subir un poco más la voz al cantarla. Para los hombres es un poco alto y con fuerza, y para las mujeres es mas bien una voz baja. Esta canción esta en el tono de SOL. Más adelante vas a saber que el tono no tiene que ver para saber si la puedes cantar o no, lo que tiene que ver es el registro.

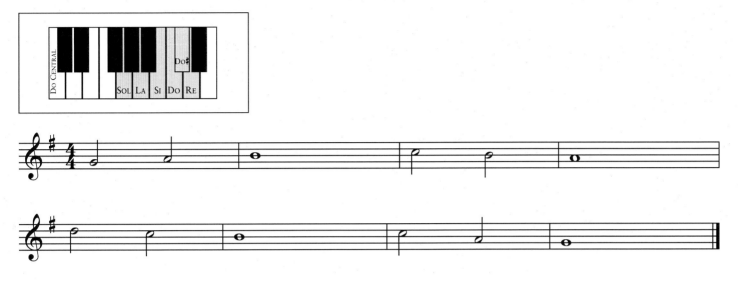

⭐3 Esta canción ya esta en otro tono, en el tono de LA y como ves son casi las mismas notas. La nota más alta es el RE y la más baja es el LA. La canción está más o menos en el mismo registro, así que la debes de poder cantar sin problemas, ¿verdad?

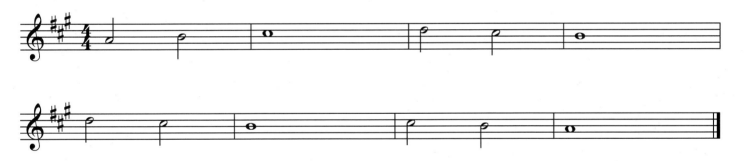

⭐4 Aquí ya hay notas *negras* que valen un tiempo. Escucha el CD y siente el tiempo, es muy fácil. Asegúrate de que cuando cantes el RE - MI - RE apoyes bien las notas altas para que salga el sonido claro. En el caso de las mujeres son notas bajas y no hay tanto problema, Si quieres puedes ponerle letra en lugar de las sílabas. Trata de hacerlo y veras qué divertido es.

REG 2 | La nota más baja es SOL y la nota más alta es FA.

Siguen las canciones en el tono de SOL, cambia el orden de las notas, el tiempo en que cada una dura y eso forma una melodía diferente, pero seguimos en el mismo tono. Trata de aprenderte las notas en el pentagrama.

Esta canción está en el tono de LA♭. Te darás cuenta de que es casi el mismo registro. recuerda que el tono es sólo un *color* en música. Lo importante es la nota más baja y la nota más alta. Esto no quiere decir que todas las canciones en LA las puedes cantar o que las canciones en RE te quedan bajas, recuerda que es el *registro* el que importa.

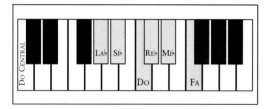

FA... Nota alta para voz de hombre.

Esta canción esta en el tono de FA, pero fíjate que la nota más alta es la de FA y la más baja es la de LA. Por lo tanto las mujeres y los niños la deben de poder cantar muy bien. Para algunos hombres que no tengan la voz tan alta les va a quedar muy alto el FA. Así que si alguna canción tiene esa nota, no importa el tono en que esté, siempre va a ser una nota *alta* para la voz de algunos hombres.

REG 3

La nota más baja es MI y la nota más alta es FA.

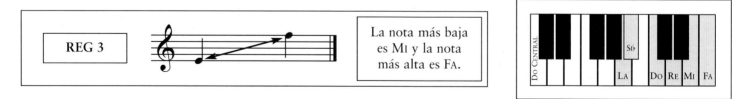

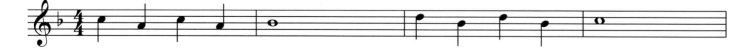

Esta canción esta en el tono de MI, ya es más fácil de cantar para los hombres porque la nota más alta es MI. Por otro lado, es un poco baja para mujeres y niños. Puede que algunas mujeres puedan cantar ese MI, de no ser así, no se preocupen, al final del libro van a ver que sí la van a poder cantar.

Para que descanses la voz, esta canción tiene un registro muy pequeño, sólo 4 notas. Practica una y otra vez cada una de las canciones y analízalas. Estoy seguro de que te darás cuenta de cómo se canta cada una y de que podrás usar como corresponde la voz.

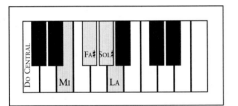

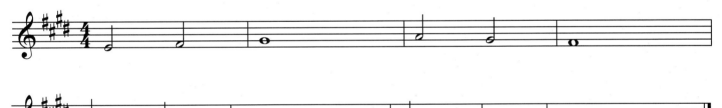

¿Ya vas entendiendo el sistema verdad? Aquí no hay mucho que decir; esta canción esta en el tono de FA (por cierto, si te interesa saber cómo se sabe en qué tono esta una canción, te recomiendo estudiar música, sobre todo armonía).

18

Esta canción está en el tono de MI, pero no usa la nota de MI baja.
Compara esta canción con la Nº 8. Las dos están en el tono de MI y se basan en notas de la escala de MI, pero un poquito cambiadas. *Todas las canciones del mundo se basan en notas de la escala;* por eso son tan importantes las escalas.

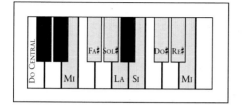

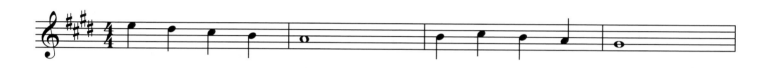

Seguimos en el tono de MI, te das cuenta como son las mismas notas, pero cambiadas… a veces SI, LA, SOL… o a veces FA, SOL, LA, *etc…* pero las mismas notas. Por eso hay tantas y tan diferentes melodías. Si puedes cantar estas notas vas a poder cantar cualquier canción que tenga estas notas.

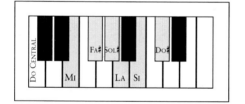

13 Esta canción, mejor dicho, esta corta melodía, está en el tono de Mi♭ (recuerda que ♭, se dice *bemol*) y la nota de Mi♭ es indudablemente muy baja para la voz de mujeres o niños. Claro que si hay algunos que la puedan cantar, pero como este es el primer nivel, no te preocupes tanto si no la puedes cantar. Pasa a la siguiente canción, después la cantaras.

REG 4 — La nota más baja es MI y la nota más alta es SOL. Mujeres/Niños

REG 5 — La nota más baja es MI♭ y la nota más alta es FA. Hombres

¿Te das cuenta que pequeño es el *registro* de esta canción?

Nota de Mi♭, muy baja para algunas mujeres o niños.

Nota de Mi♭, muy baja para algunas mujeres o niños.

14 Esta canción, por el contrario es para mujeres y niños especialmente porque la nota de SOL es un poco alta para algunos hombres. Por supuesto que hay hombres que la puedan cantar, pero no forces ni lastimes la garganta tratando de cantar notas altas. Si ves que la canción incluye notas un poco altas para ti, mejor no la cantes. Ya la cantarás después. Esta melodía esta en el tono de SI♭.

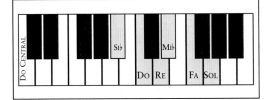

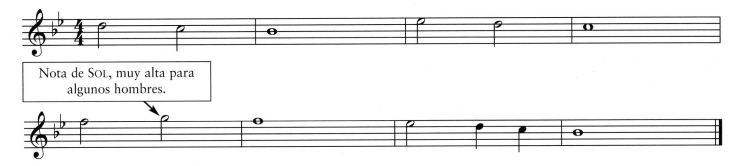

Nota de SOL, muy alta para algunos hombres.

15 No hay mucho que decir. estoy seguro que ya vas entendiendo el sistema, ¿verdad? La canción esta en el tono de RE y la nota más baja es RE. Cuanto más baja la voz, más relajados deben de estar los músculos de los labios, boca y garganta. Recuerda siempre respirar por la nariz. Muestro la nota más alta y la más baja de esta canción, que realmente es lo que importa para saber si la puedes cantar o no.

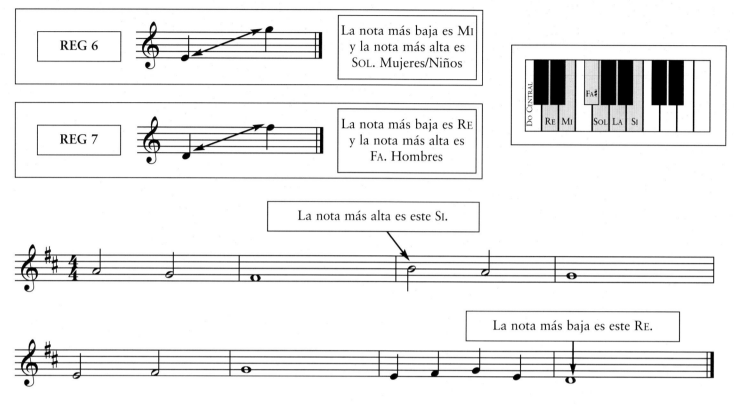

16 Esta canción está en Si♭ y es muy sencilla para mujeres o niños. Fíjate que el *registro* de esta canción es igual que el de la canción 14, sólo cambia el orden de las notas; incluso están en el mismo tono.

Estas tres canciones son especiales para la voz de hombre, la nota más alta es un RE, que no es tan alto y la nota más baja es el REb. Este es un buen registro para la mayoría de las voces de hombres. estoy seguro de que ya debes de poderlas cantar muy bien.

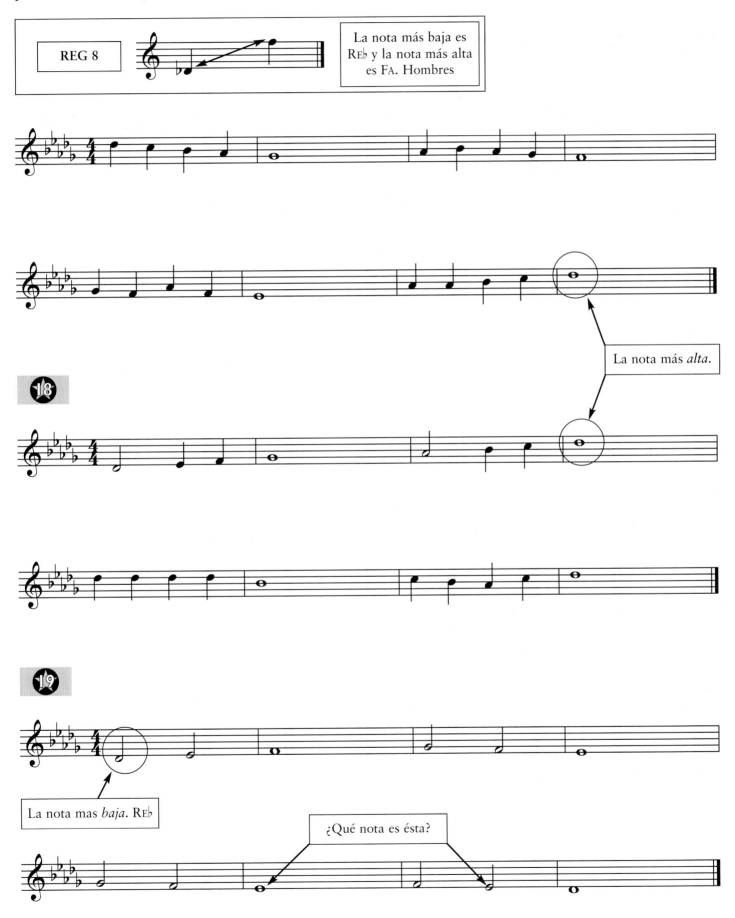

Estas tres canciones son para voz *blanca* (así se le llama en música a la voz de mujer o de niño).

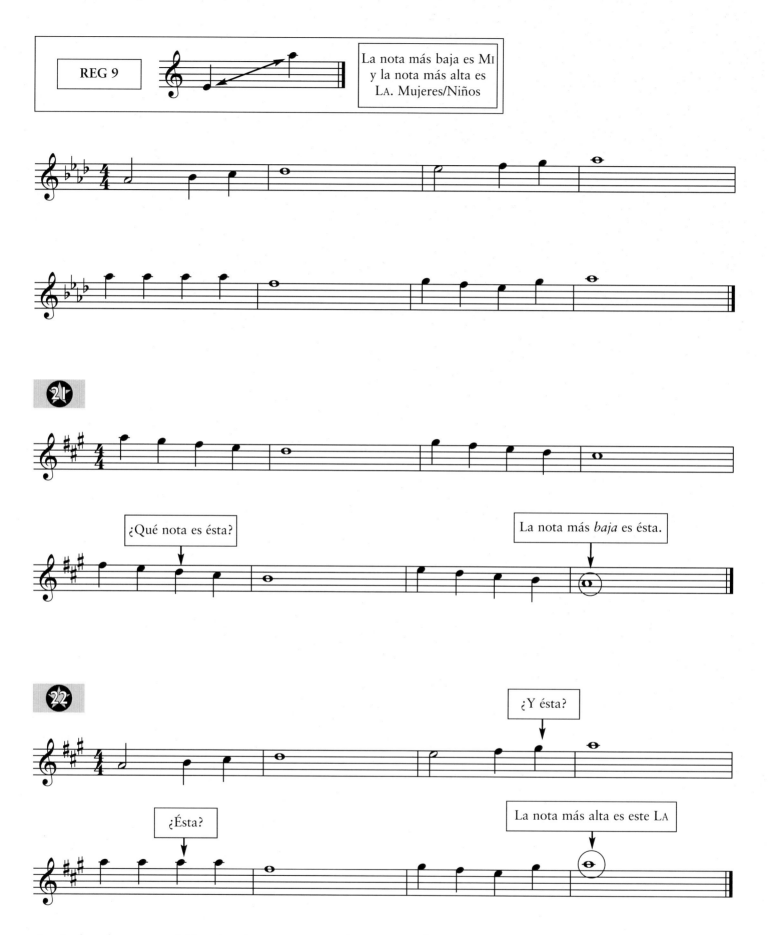

Apréndete las notas. Mira donde se encuentra la nota en el pentagrama para aprender cómo se llama.

23 Éste es un pequeño examen para poner a prueba tus conocimientos. Estas 4 canciones son para voz de hombre. Recuerda que debes de tratar de cantar con las 4 características de un buen cantante. Entonación, afinación, cuadratura y sentimiento.

La forma de saber en qué tono está una canción es por medio de la armadura. Fíjate que las canciones en el tono de Do no tienen ningún sostenido (♯) ni ningún bemol (♭). Las canciones en el tono de Mi♭ tienen 3 bemoles: Si♭, Mi♭, y La♭.

Éste es un pequeño examen para poner a prueba tus conocimientos. Estas 4 canciones son para voz de mujeres y niños. Al igual que dije en la página anterior debes de tratar de cantar con las 4 características de un buen cantante. Entonación, afinación, cuadratura y sentimiento. Si no puedes cantar las canciones porque están muy altas, cántalas una octava más abajo. Si te quedan muy bajas, cántalas una octava más arriba. Lo bueno es que cantes *todas* las canciones de este libro.

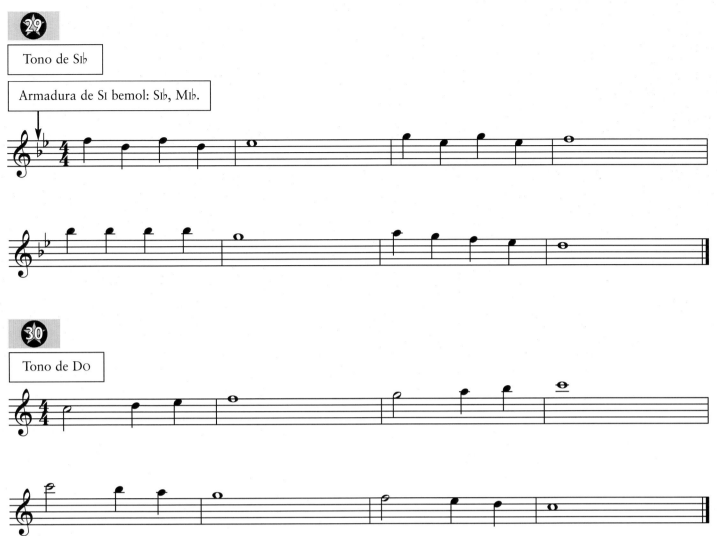

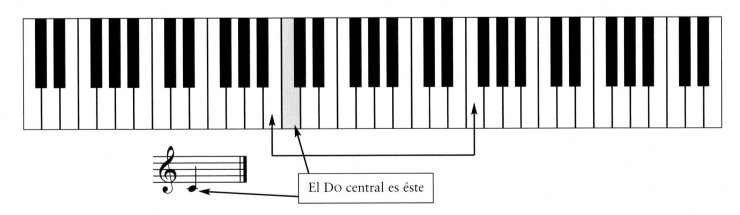

Compara la página anterior con ésta. Las dos tienen canciones en Do, pero una está muy alta, y la otra muy baja—recuerda que *no tiene que ver nada el tono de la canción sino el registro de las notas que tiene la melodía*—si la nota más alta y más baja de la melodía de la canción están dentro del registro de tu voz, entonces seguro que la vas a poder cantar sin que importe en qué tono este la canción.

Ya sabes que el *registro* de la voz de hombre en este primer nivel es más o menos de aquí a aquí. (Se escribe en la clave de Sol, pero se escucha 8 notas más abajo. Por tradición y para una mayor facilidad para escribir la música se usa la clave de Sol.)

La nota más alta en la voz de los hombres sería un Fa y la nota más baja es un Si. Algunos hombres pueden cantar más arriba del Fa♯ y a veces el Sol (para los mas avanzados). Para abajo pueden llegar hasta un Sol probablemente. Si pueden cantar más arriba que el Sol entonces son *tenores* o voces con bastante estudio.

Te repito, no te preocupes en cantar muy *alto*, preocúpate en cantar muy *bien* eso es lo mejor que puedes hacer para empezar. Es preferible cantar con poco registro y bajito, que tratar de *gritar* notas muy altas que ni se oyen bien y hasta te pueden lastimar la garganta. Hay muchos cantantes muy famosos que cantan con voz baja o grave.

A partir de esta canción, sería bueno si pudieras inventar una letra que ponerle. Recuerda que *una nota = una sílaba*. Trata y verás que es muy divertido. Si lo prefieres usa el nombre de las notas.

Tono de Si

Cántala como si fuera una canción; de hecho *es una canción*. Espero que lo disfrutes.

En pocas palabras cántala con las 4 características de un buen cantante: entonación, afinación, cuadratura y sentimiento.

Cantar es algo muy bonito. ¡Trata de hacerlo siempre de la mejor forma que puedas!

Ya sabes que el registro de la voz de mujer o de niño, más o menos en este libro es de aquí a aquí.

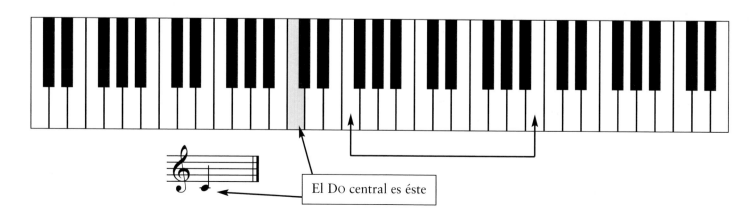

El Do central es éste

La nota más alta es el SI y la nota más baja es el FA. Hay algunas canciones que tienen la nota de DO alta, o sea por encima del SI. Si la puedes cantar, muy bien y si no, no importa tanto. Igual para abajo. Algunas personas podrán cantar más abajo que el FA, pero depende de tu voz y el entrenamiento que tengas. Lo principal como ya dije es cantar *bien* y con mucho sentimiento; así que ya sabes, cada canción es un sentimiento que tienes que interpretar.

Si puedes ponerle una letra sería muy bueno o cántala con la silaba como se muestra. Recuerda que *una nota = una sílaba*, trata y verás que es muy divertido.

Tono de SOL

Para ponerle letra a una canción se usan las sílabas. Por ejemplo esta canción en el primer compás tiene dos notas; |RE __ DO __ | y en el segundo compás tiene una sola nota de cuatro tiempos;
|SI __ __ __ |, entonces hay 3 notas en dos compases, por lo que hay que usar una palabra de 3 sílabas, como por ejemplo: Música, se divide así: Mú-si-ca.

|RE __ DO __ |SI __ __ __ |

|Mú- __ si- __ |ca __ __ __ |

o puedes poner tres palabras diferentes, por ejemplo: *Ya me voy*. Lo cantas así:

|RE __ DO __ |SI __ __ __ |

|Ya __ me __ |voy __ __ __ |

La idea es que uses una nota por sílaba y usando esa letra cantas la canción con el sonido de las notas. Sé creativo e inventa tus propias letras de canciones. ¿Opina?

33 En esta canción en el tono de Do, la nota más baja es un Do y la más alta es un La. Ésta debe de ser una canción muy fácil de cantar. Es una canción tradicional infantil que se llama *Twinkle, Twinkle Little Star.*

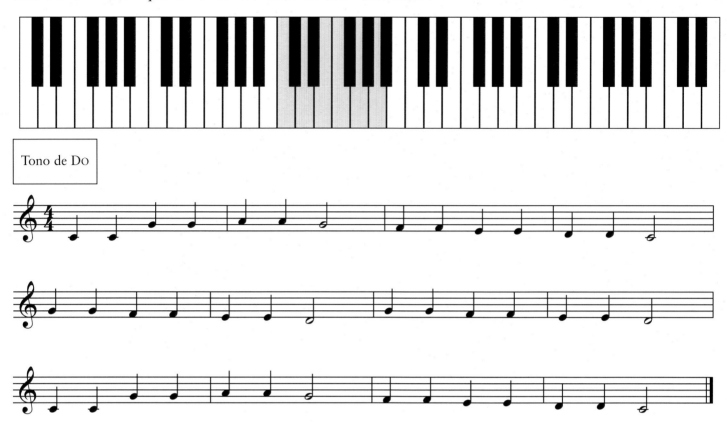

Tono de Do

34 Ésta es la misma canción pero una octava más arriba, para mujeres y niños. La nota más baja es Do y la nota más alta es La, si quieres usar otra letra diferente a la de *Twinkle, Twinkle Little Star* es mejor. Inventa tus propias canciones.

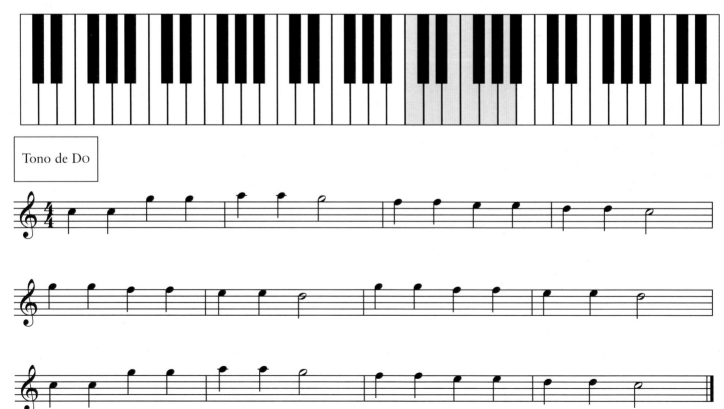

Tono de Do

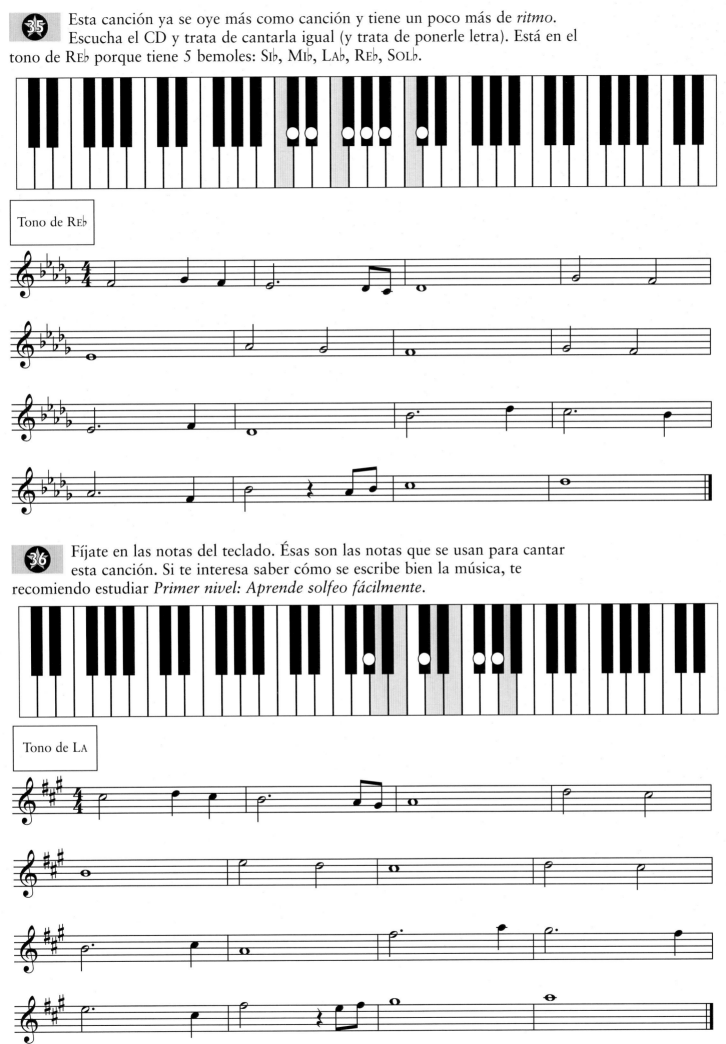

35 Esta canción ya se oye más como canción y tiene un poco más de *ritmo*.
Escucha el CD y trata de cantarla igual (y trata de ponerle letra). Está en el
tono de RE♭ porque tiene 5 bemoles: SI♭, MI♭, LA♭, RE♭, SOL♭.

Tono de RE♭

36 Fíjate en las notas del teclado. Ésas son las notas que se usan para cantar
esta canción. Si te interesa saber cómo se escribe bien la música, te
recomiendo estudiar *Primer nivel: Aprende solfeo fácilmente*.

Tono de LA

Esta canción es para la voz de hombres y está en el tono de RE, porque tiene dos sostenidos en la armadura: FA♯ y DO♯.

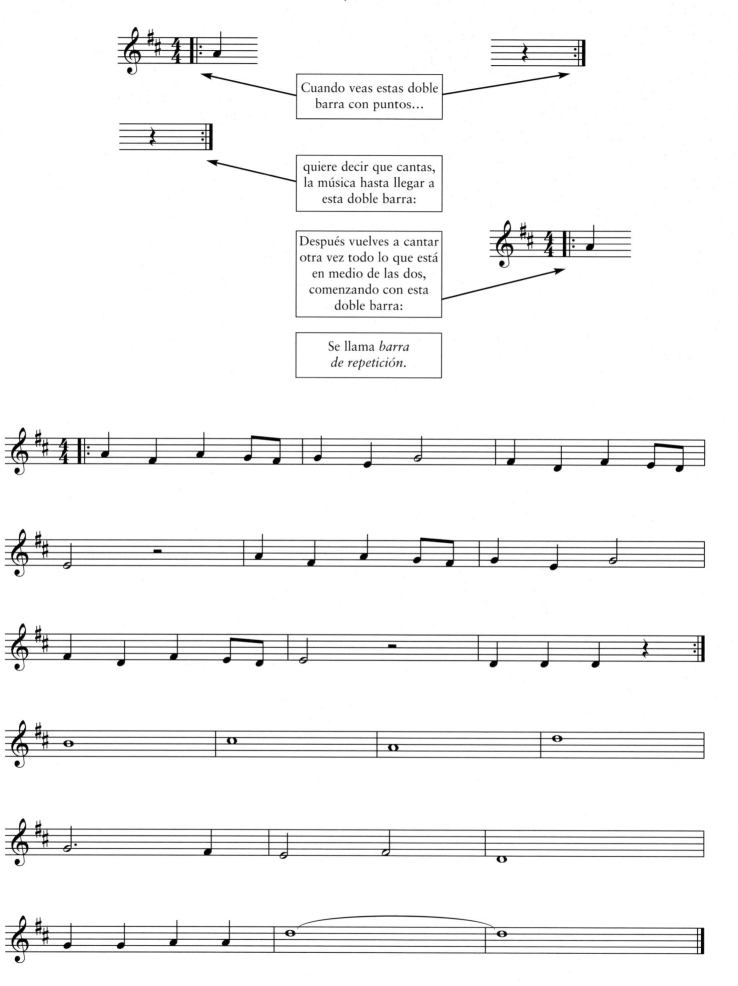

Cuando veas estas doble barra con puntos...

quiere decir que cantas, la música hasta llegar a esta doble barra:

Después vuelves a cantar otra vez todo lo que está en medio de las dos, comenzando con esta doble barra:

Se llama *barra de repetición*.

38 Esta canción es para la voz de mujeres y niños y está en el tono de Si♭

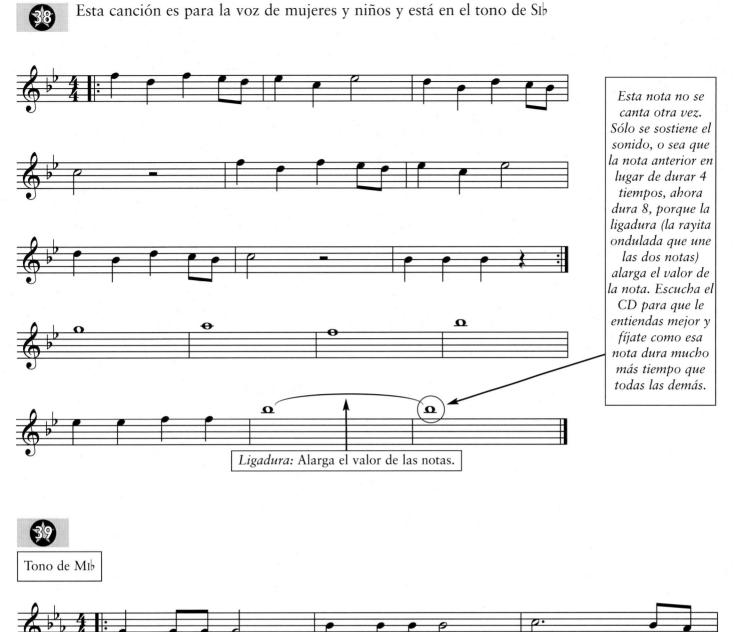

Esta nota no se canta otra vez. Sólo se sostiene el sonido, o sea que la nota anterior en lugar de durar 4 tiempos, ahora dura 8, porque la ligadura (la rayita ondulada que une las dos notas) alarga el valor de la nota. Escucha el CD para que le entiendas mejor y fíjate como esa nota dura mucho más tiempo que todas las demás.

Ligadura: Alarga el valor de las notas.

39

Tono de Mi♭

La nota más *alta*

La nota más *baja*

40

Tono de Si

La nota más *alta*

La nota más *baja*

Ya con esta canción se escucha mejor la música ¿verdad?. Acuérdate de las barras de repetición y ten cuidado con los silencios en la música. Aprovecha esos silencios para tomar aire, porque al cantar usas mucho aire.

41

Tono de Mi

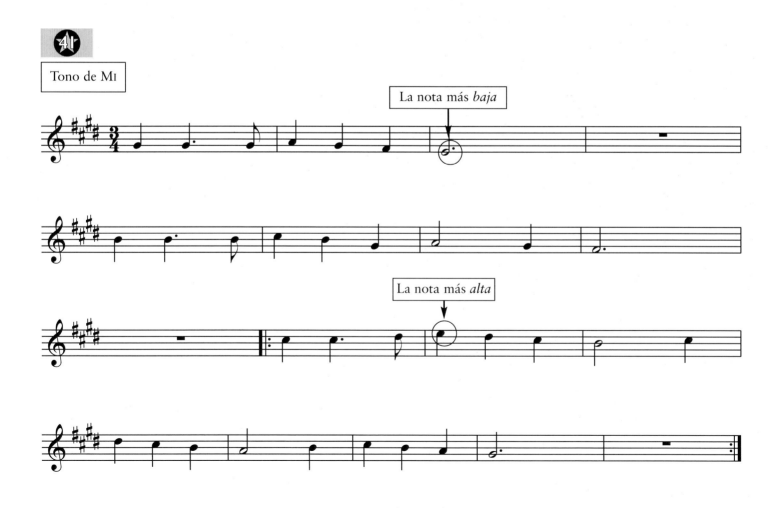

La nota más *baja*

La nota más *alta*

Muchos alumnos me preguntan en que tono cantan. otros quieren saber si es verdad que cantan en RE o en LA. La respuesta es fácil; no es completamente cierto decir que cantan en LA o en MI, la verdad es que cualquier persona puede cantar en *todos* los tonos que hay. Lo que pasa, es que algunas canciones, sobre todo rancheras o corridos, están escritas en algunos tonos como RE o LA o MI. Por ejemplo una canción que se hace famosa en el tono de LA, porque el artista la cantó en el tono de LA. Cuando alguien la quiere cantar la trata de cantar también en LA y por eso dicen que cantan en LA. Lo cierto es que lo que están cantando son algunas notas de la escala de LA. Recuerda que las mismas notas se pueden compartir en otras escalas, por ejemplo el RE, pertenece a la escala de LA, a la de DO, a la de RE, a la de Si♭, *etc*. Si la canción usa esa nota en particular, puede estar en cualquiera de los tonos que usen esa nota.Todo esto es para decirte algo simple. No es cierto que cantas en un tono o en otro. Si sabes cantar, puedes cantar en *todos* los tonos que hay.

ESCALAS MAYORES

Como te habrás dado cuenta al cantar, las escalas son la base para cualquier melodía, por eso, es tan importante conocerlas y poderlas cantar bien. A continuación te pongo todas las escalas mayores de la forma más común para que las puedas estudiar y vocalizar. Practícalas *todas* a diario, mínimo una vez al día. Comienza desde la nota más baja que tu voz pueda hacer hasta la nota más alta. Recuerda *no fuerces la garganta* para que no te lastimes y trata de cantar *con el estomago* o sea usando el diafragma y tomando mucho aire.

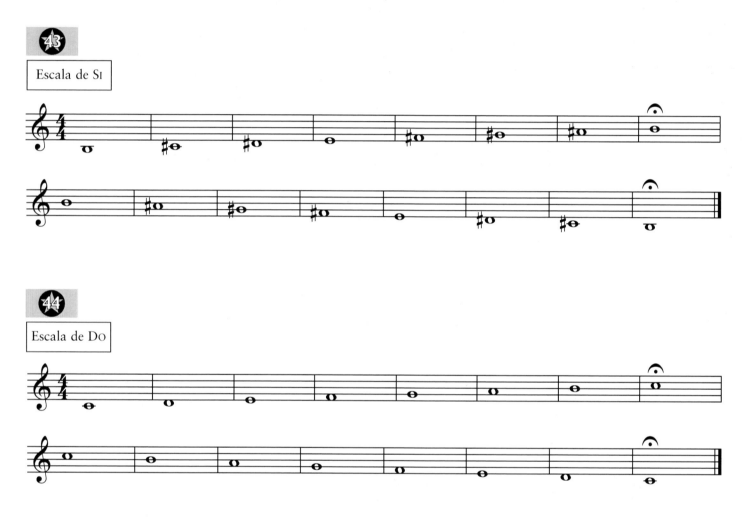

43 Escala de Si

44 Escala de Do

45 Ésta es la escala de Do♯ o Re♭, se oye igual pero se escribe de forma diferente. La más común es la de Re♭, pero de todos modos primero te muestro la de Do♯.

Escala de Do♯

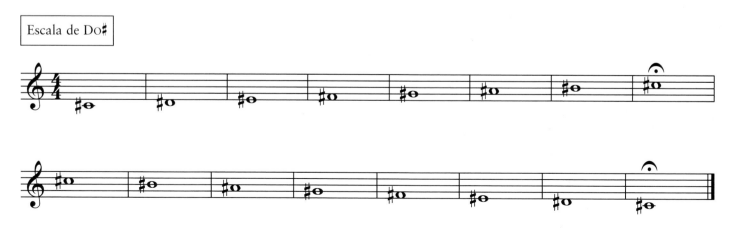

ESCALAS MAYORES

Escala de RE♭

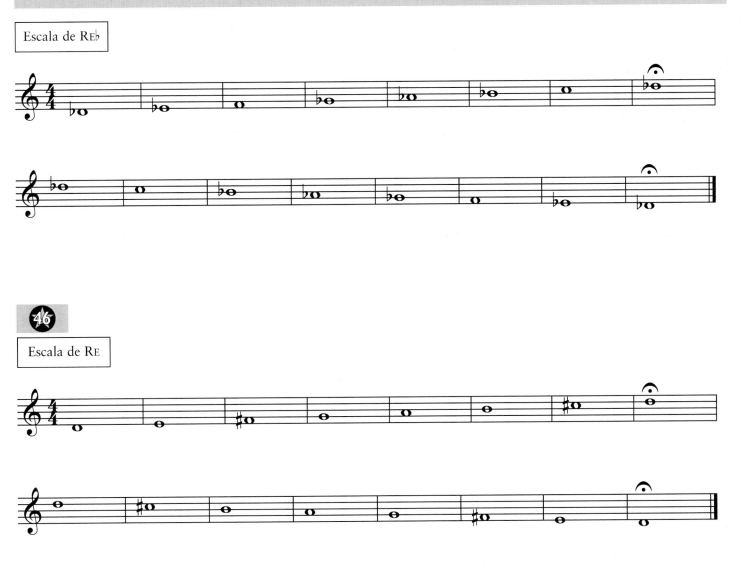

Escala de RE

47 Ésta es la escala de RE♯ o MI♭, se oye igual pero se escribe de forma diferente. La más común es la de MI♭, pero de todos modos primero te muestro la de RE♯. Practica *todas* las escalas todos los días. Si de verdad quieres cantar bien, debes de vocalizar todas las escalas una por una, varias veces todos los días.

Escala de RE♯

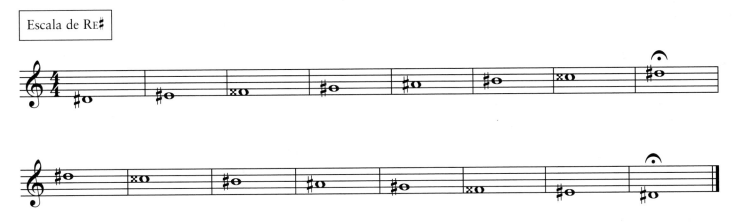

38

ESCALAS MAYORES

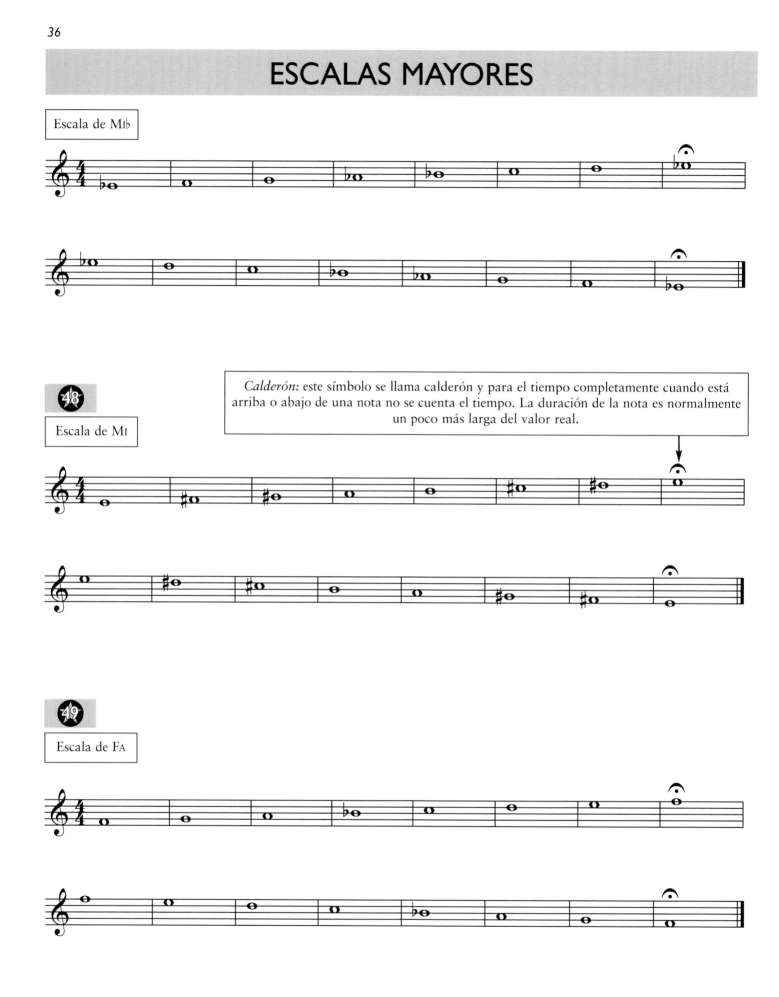

Calderón: este símbolo se llama calderón y para el tiempo completamente cuando está arriba o abajo de una nota no se cuenta el tiempo. La duración de la nota es normalmente un poco más larga del valor real.

ESCALAS MAYORES

 Ésta es la escala de FA# o SOLb, se oye igual pero se escribe de forma diferente. Las dos son muy comunes.

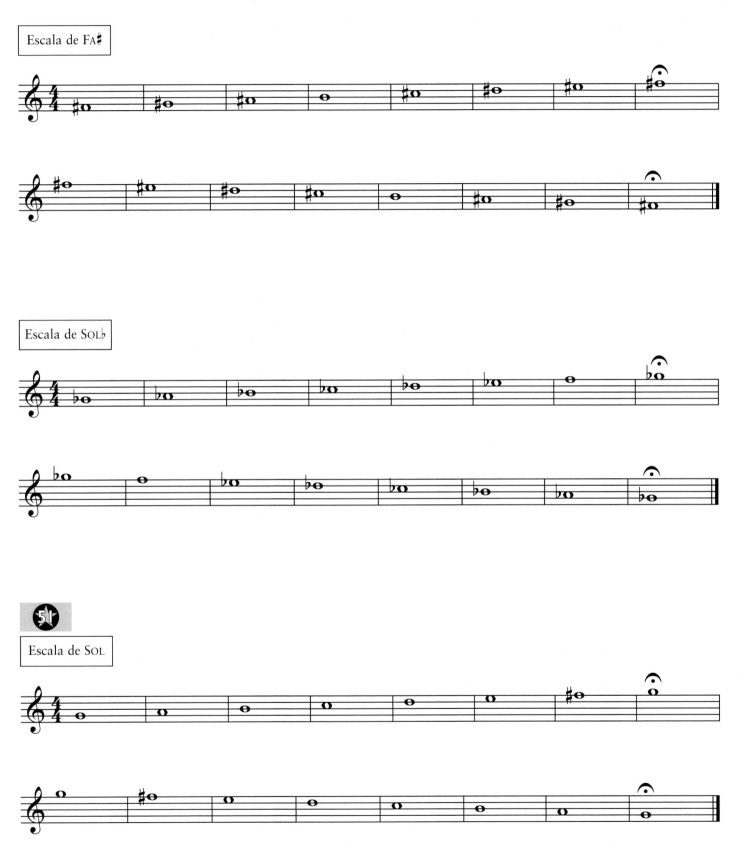

ESCALAS MAYORES

52 Ésta es la escala de SOL♯, o LA♭, se oye igual, pero se escribe de forma diferente. La escala más común es definitivamente la de LA♭, pero primero te muestro la de SOL♯.

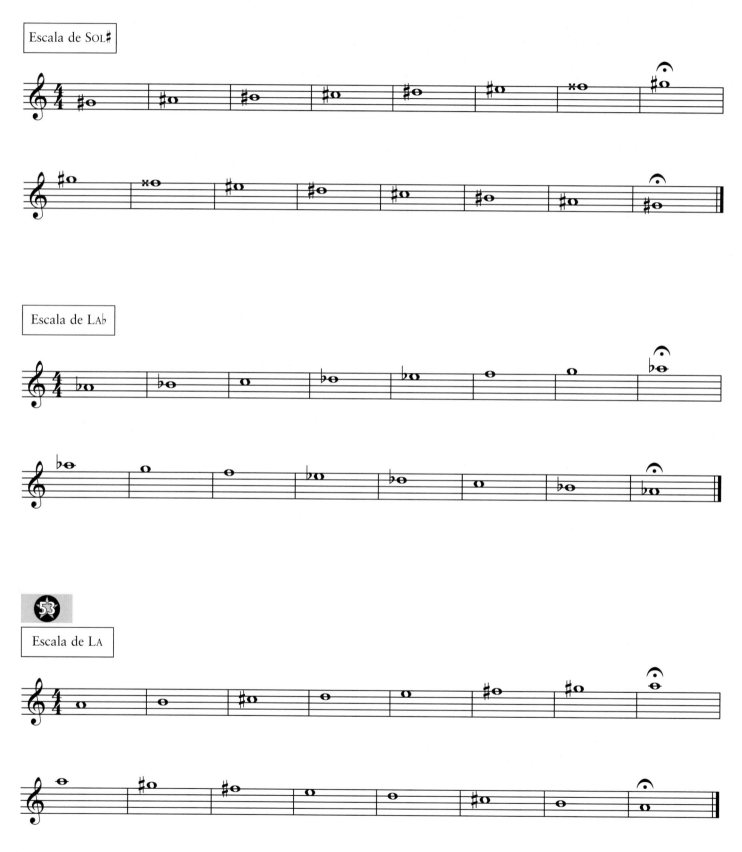

ESCALAS MAYORES

54 Ésta es la escala de L<small>A</small>♯ o S<small>I</small>♭, se oye igual pero se escribe de forma
diferente. La escala más común es definitivamente la de S<small>I</small>♭, pero de todos
modos te muestro la de L<small>A</small>♯ primero.

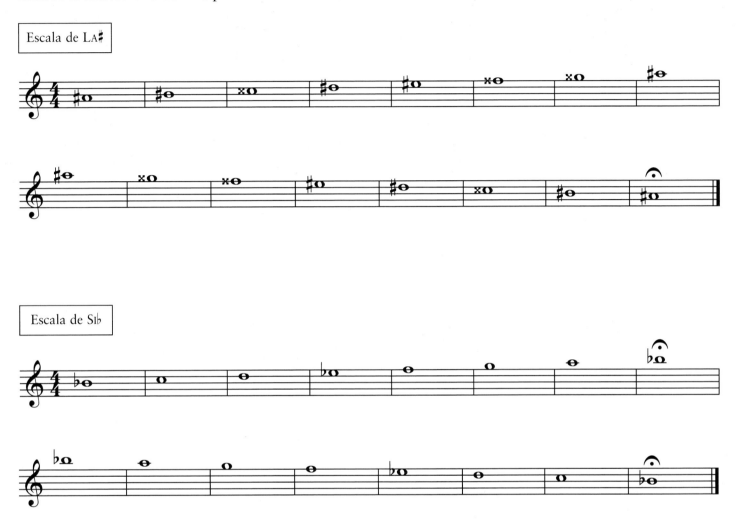

Éstas son las 12 escalas mayores que hay. Apréndetelas y practícalas diariamente y
en poco tiempo verás el resultado tan maravilloso que vas a tener.

CANCIONES COMPLETAS SENCILLAS

55 ¡Listo para componer! Ponle letra a esta canción y cántala muy bien.

Hombres

Tono de SOL

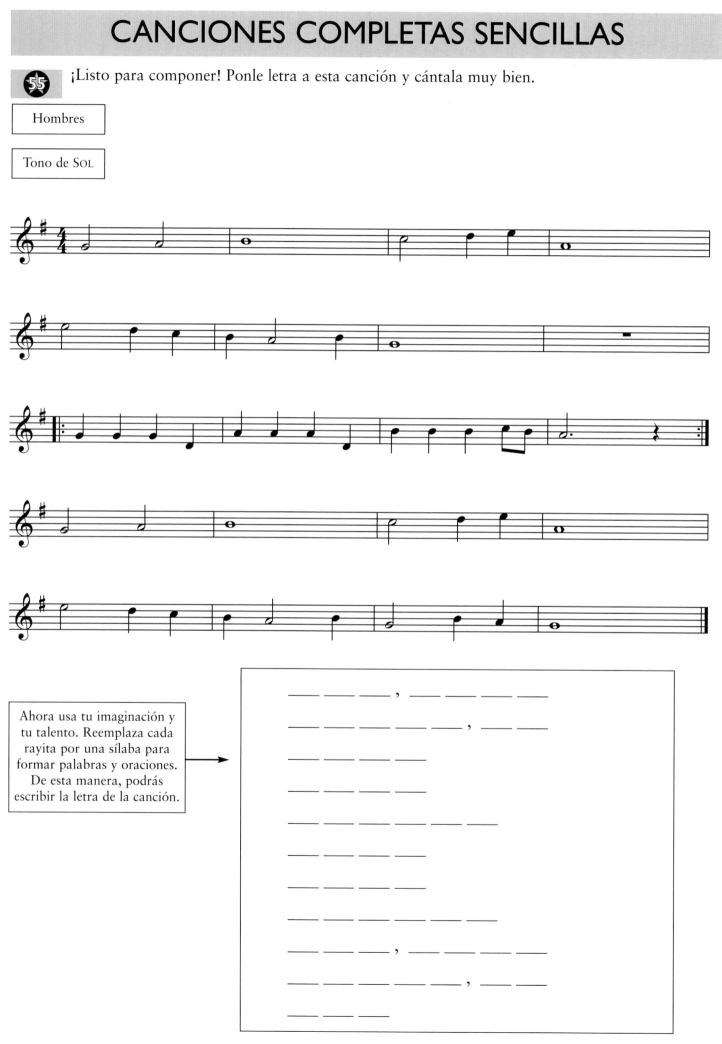

Ahora usa tu imaginación y tu talento. Reemplaza cada rayita por una sílaba para formar palabras y oraciones. De esta manera, podrás escribir la letra de la canción.

CANCIONES COMPLETAS SENCILLAS

56 ¡Listo para componer! Ponle letra a esta canción y cántala muy bien.

Mujeres y niños

Tono de RE♭

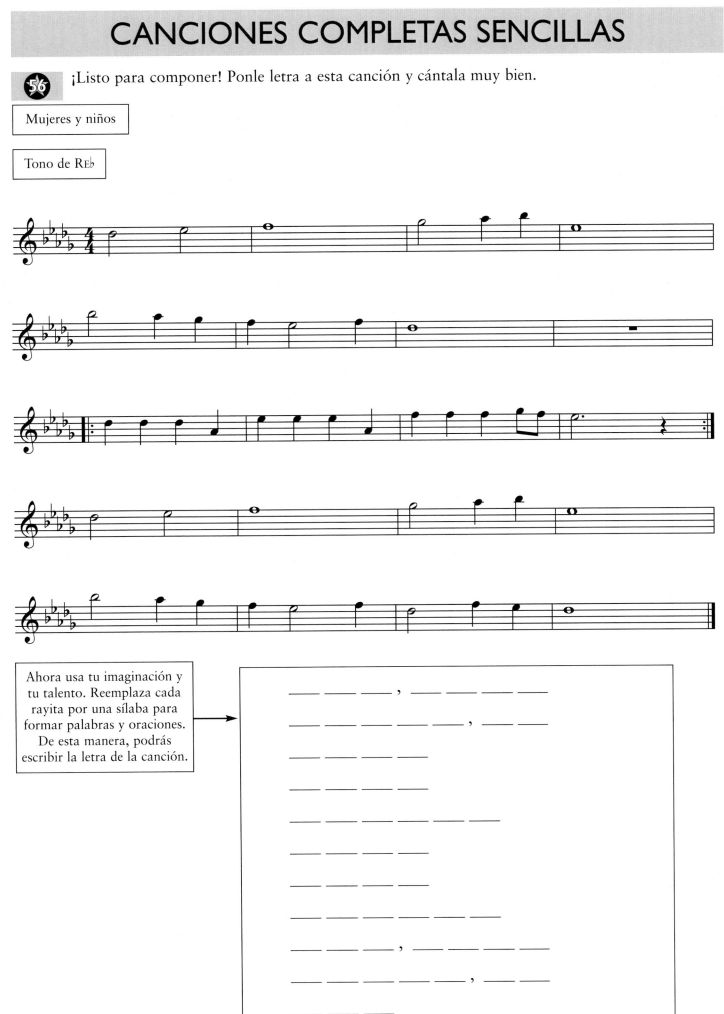

Ahora usa tu imaginación y tu talento. Reemplaza cada rayita por una sílaba para formar palabras y oraciones. De esta manera, podrás escribir la letra de la canción.

CANCIONES COMPLETAS SENCILLAS

57 *¿Ya lo vas entendiendo verdad?* Ésta es una melodía muy bonita y la
verdad que si le pones una bonita voz y una bonita letra, es toda una
canción. Disfruta de esta canción.

Hombres

Tono de LA

Pon aquí tu letra.

CANCIONES COMPLETAS SENCILLAS

58. *¿Ya lo vas entendiendo verdad?* Recuerda que la idea es cantar todas las canciones. Si no puedes alto, cántalas abajo. Si no las puedes cantar abajo, entonces cántalas arriba. Tanto en un lado como en el otro, debes de poder cantar todas las canciones.

Mujeres y niños

Tono de FA

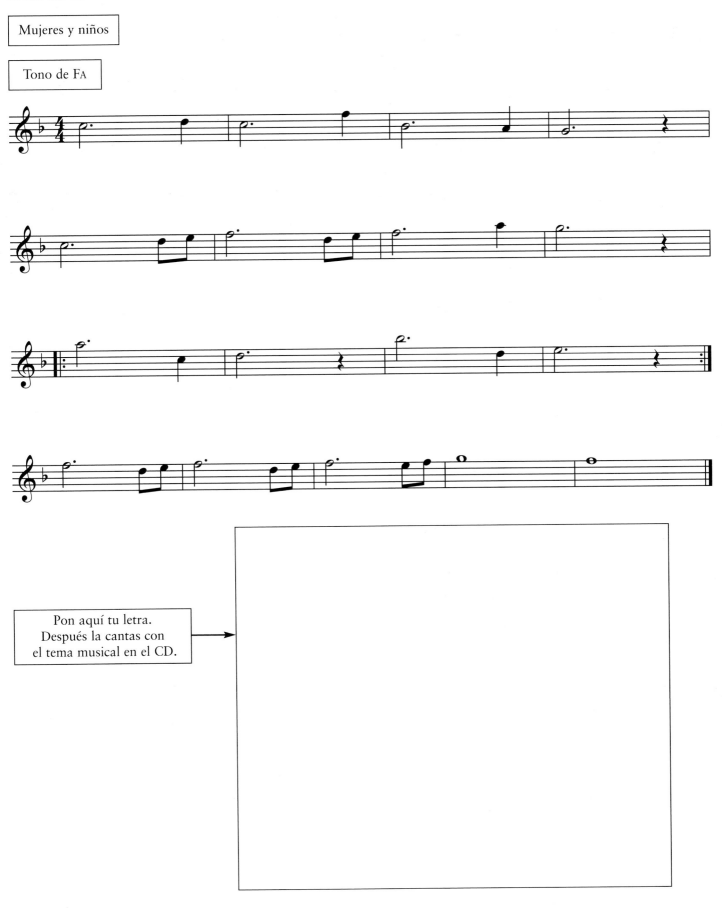

Pon aquí tu letra.
Después la cantas con
el tema musical en el CD.

CANCIONES COMPLETAS SENCILLAS

59 Ya no hay mucha ayuda, porque a estas alturas ya debes de cantar muy bien.

Hombres

Tono de Do

CANCIONES COMPLETAS SENCILLAS

60 Ya no hay mucha ayuda, porque a estas alturas ya debes de cantar muy bien.

Mujeres y niños

Tono de SOL

CANCIONES COMPLETAS SENCILLAS

¿Te das cuenta como cada vez hay más ritmos y cambios en las notas?

La música es muy amplia. Sigue estudiando para que la llegues a conocer a fondo.

Hombres

Tono de RE

CANCIONES COMPLETAS SENCILLAS

62 ¿Te das cuenta como cada vez hay más ritmos y cambios en las notas? La música es muy amplia. Sigue estudiando para que la llegues a conocer a fondo. En esta parte del libro ya debes de conocer las notas perfectamente bien para poderlas cantar. Si estudiaste al mismo tiempo solfeo y piano te ayudara mucho más.

Mujeres y niños

Tono de Si♭

CANCIONES COMPLETAS SENCILLAS

 No cualquiera llega hasta este nivel.

¡Enhorabuena!

Hombres

Tono de MI

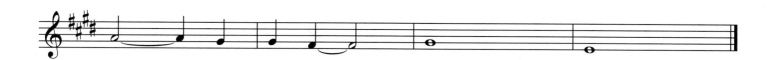

CANCIONES COMPLETAS SENCILLAS

 No cualquiera llega hasta este nivel.

¡Enhorabuena!

Mujeres y niños

Tono de Si♭

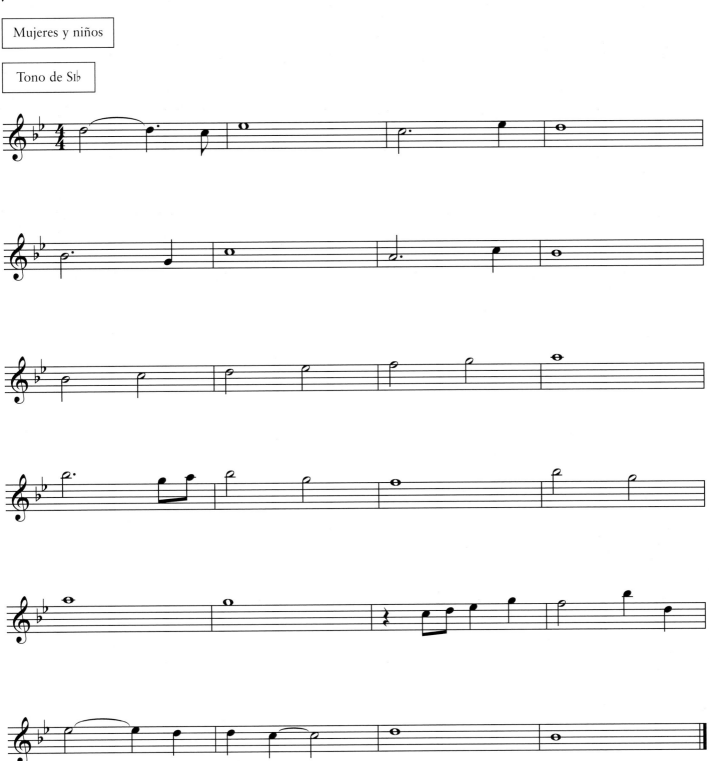

CANCIONES COMPLETAS SENCILLAS

 Ésta es la canción del *examen* final del primer nivel.

Ya está la letra escrita, es una letra sencilla y fácil de cantar. Si quieres le puedes cambiar la letra. Estoy seguro que aprendiste bastante ¿verdad?

Hombres

Tono de Sib

CANCIONES COMPLETAS SENCILLAS

66 En este *examen* vas a cantar esta canción con la letra que ya tiene. Le puedes poner la letra que tú quieras a la música. La puedes cantar acompañando al CD. Estoy seguro que notaste lo mucho que mejoraste después de haber practicado y estudiado tanto.

Mujeres y niños

Tono de Mi

VOCALIZACIÓN

67 AH EH IH OH UH

68 BLAH

Éste es sólo un ejemplo de vocalización.

Cuando se vocaliza se debe cantar en todos los tonos, para que la voz suba y baje. Los hombres como ya hemos dicho cantan de SI a FA, pasando por todos los demás tonos intermedios.

Las mujeres y los niños tienen el mismo timbre de voz más o menos y cantan de un SOL a un DO♯ o RE♭ pasando por los tonos intermedios.

Recuerden que éste es sólo el primer nivel de la vocalización.

El objetivo de esta técnica es usar la voz como un instrumento musical. Si un instrumento puede hacer ciertas melodías, la voz también debe de poderlas hacer, de hecho, la voz *es un instrumento musical* y cuando se aprende a *tocarlo* se dice que la persona canta muy bien.

Estudia y practica la vocalización si puedes *todos los días*, al menos 40 minutos, haciendo todos los ejercicios de este libro y las escalas una por una.

La vocalización se puede cantar con muchas variedades de vocales y consonantes, incluso utilizando palabras completas o frases.

Estos son solo algunos ejemplos:

blah, bleh, blih, bloh, bluh
tlah, tleh, tlih, tloh, tluh
pah, peh, pih, poh, puh
mah, meh, mih, moh, muh
prah, preh, prih, proh, pruh

Crea tus propias combinaciones; experimenta y ¡diviértete!

En este ejercicio, vas a tratar de cantar con el diafragma, o como dicen generalmente *cantar con el estomago*.

Trata de pronunciar todas las notas *ho, ho, ho, ho*, en el tono correcto y eso es todo: *ho, ho.*

Este ejercicio es muy bueno para endurecer el diafragma y afinar el oído para cantar acordes.

Los acordes son la base de la música.

Un acorde son tres notas diferentes o más de tres notas tocadas al mismo tiempo. Como la voz humana no puede cantar más de una nota a la vez, por eso se hace de una por una, el acorde se *rompe* y así se forma un *arpegio*.

En este ejemplo vas a cantar arpegios en todos los tonos. De esta manera, cuando tengas que cantar un arpegio en alguna canción (que hay bastantes) ya vas a saber como hacerlo.

Igual que el ejercicio anterior sé creativo y trata tus propias combinaciones de vocales.

Puedes inventar frases de 4 sílabas, por ejemplo:

En	el	ár-	bol
Yo	te	a-	mo
La	san-	dí-	a
Ha-	ce Un	A-	ño
Lo	que	quie-	ras
Et-	cé-	te-	ra

Aquí vamos a practicar un poco de acordes y de escalas al mismo tiempo.

Los acordes y las escalas son la base de toda la música.

Hay un dibujo que se llama *calderón*.

El *calderón* (⌢) sirve para parar el tiempo. Quiere decir que cuando esta encima de una nota, esa nota ya no cuenta como su valor normal, sino que se le da el valor que la persona quiera. Así que si quieres que dure mucho, pues solo alargas el tiempo sin necesidad de contar.

En este caso lo hacemos para aprender a respirar. *Cuanto más, tiempo dures cantando esa nota, mejor.* Lo bueno es que tengas mucho aire dentro de los pulmones.

Como después del calderón hay mas notas, tienes que dejar suficiente aire para cantar el resto de la música. De otra forma, se te va a quebrar el sonido o simplemente se te acaba el aire y no vas a poder cantar las otras notas.

Si respiras en un lugar que no debe ser, la música se oye cortada. Tienes que aprender a respirar.

Como anteriormente, sé creativo y trata de inventar palabras o frases.

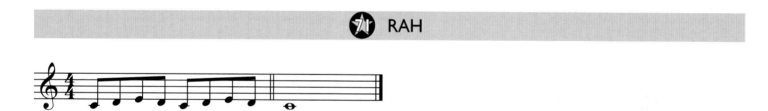

Vamos a cantar: *rah, reh, rih, roh, ruh.*

Primero es *rah, reh, rih, roh* sin utilizar el *ruh* porque solo son 4 notas.

En el compás hay 8 notas pero se repiten, o sea son 4 y 4.

Cada nota dura una sílaba en palabras.

Así que si es Do, Re, Mi, Re esto se cantaría *rah, reh, rih, roh* o cualquier otra combinación de 4 sílabas como:

Pa	ra	pa	ra
La	la	la	la
El	Do-	min-	go
Da-	me un	lá-	piz
Su-	be y	ba-	ja
Le-	ro	le-	ro

Utiliza tu imaginación. Cualquier frase de 4 sílabas se puede cantar con esa música.

Fíjate que en la frase *Dame un lápiz* hay 5 sílabas: *Da-me un lá-piz*. Por eso a la hora de cantar se pueden juntar dos sílabas en una sola nota, *-me un*, incluso cuando son dos sílabas, al cantar se forma una sola sílaba. De esta manera, puedes cantar frases de 5 sílabas en 4 notas o de 6 sílabas en 4 notas, o de 7 sílabas en 4 notas, etc. ¿Ves todo lo que se puede hacer con la música?

Inventa tus propias frases. Pueden ser frases de canciones que ya conozcas. Si te gusta componer, esta es tu oportunidad de practicar.

72 TONO MENOR

La música tiene tonos mayores y tonos menores.

Los tonos mayores son más alegres, más brillantes y rápidos.

Los tonos menores son tristes, opacos y lentos.

Por supuesto hay canciones en tono mayor, y canciones en tono menor.

Tienes que aprender a cantar en los dos modos.

Esta vocalización esta en tono menor.

Por eso uso la frase *Tono menor* para vocalizar. Como con los otros ejercicios, en esta corta melodía puedes crear tu propia frase.

Ésta es una melodía.

Esta compuesta por 4 notas

Tocando las 4 notas, una después de la otra, se forma una melodía.

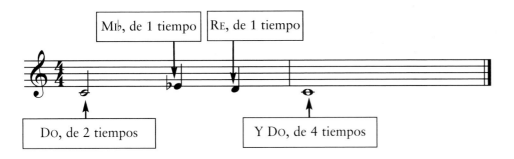

Si tocas la melodía 2 veces, se forma una frase musical.

73 MELODÍA SIN FIN

Ésta es una melodía un poco más completa. Es repetitiva, quiere decir que se mantiene con un círculo y lo repite varias veces en diferentes tonos. Como verás tiene una melodía muy bonita. Estoy seguro que te vas a dar cuenta que en la misma melodía. Observa que con los mismos acordes se pueden cantar más canciones. Una persona puede cantar la melodía sin fin, otra puede hacer armonía con los acordes, otra puede cantar la canción que esta en la página 50 y 51 de este libro y alguien mas puede inventar su propia melodía porque los acordes y la armonía que usa esta melodía sin fin es muy común y se ha usado en miles de canciones.

CÓMO USAR EL MICRÓFONO

La técnica para usar el micrófono es relativamente sencilla.

Algunas reglas básicas son: pon el micrófono frente a la boca. (Hay micrófonos que captan el sonido de frente solamente, hay otros que lo captan de frente y de lado y hay otros que lo captan de cualquier lugar.) Al agarrar un micrófono siempre póntelo de frente, es el lugar más seguro de que se oiga.

Si cantas fuerte, entonces aleja el micrófono un poco. Si cantas bajito, acércatelo más.

Un error común es poner el micrófono debajo de la boca, como en la barbilla y apuntando para arriba. De esta forma si el micrófono no es bueno (y muchas veces no lo son) no se va a oír casi nada.

Recuerda que frente a la boca es la mejor manera. Otra cosa importante es antes de empezar a cantar, hablar algo o saludar a la gente, para que sientas como se escucha el micrófono.

Seguimos con el estudio de la melodía.

Al formar una frase musical, ya puedes usar más sílabas para cantar.

En lugar de 4 ó 5, puedes usar 8 ó 10 ó 12.

Así ya tienes más oportunidad de poner más letras.

Así es como se forma una canción. *Una melodía* puede ser corta o larga *y estar seguida de otra melodía*, que forma una *frase. Después* se juntan *dos* o *cuatro* frases para formar una *estrofa.* Luego se pueden poner *dos* estrofas y en seguida el *coro*, que es por lo general otra melodía diferente a la de las estrofas. Cuando se junta todo eso y se le pone *letra* y *música*, entonces se forma una *canción.* Si la letra es bonita, y la música también, entonces es una *buena canción.*

Te felicito mucho por haber terminado este libro de canto. La mayoría de la gente cree, erróneamente, que el canto no se estudia, pero has visto cómo sí es necesario estudiarlo. ¡Te felicito por estudiar el canto!

LISTA INDIVIDUAL DE TEMAS MUSICALES

MELODÍAS MUY SIMPLES

1. Melodía 1: Hombres, mujeres y niños
2. Melodía 2: Hombres, mujeres y niños
3. Melodía 3: Hombres, mujeres y niños
4. Melodía 4: Hombres, mujeres y niños
5. Melodía 5: Hombres, mujeres y niños
6. Melodía 6: Hombres, mujeres y niños
7. Melodía 7: Hombres, mujeres y niños
8. Melodía 8: Hombres, mujeres y niños
9. Melodía 9: Hombres, mujeres y niños
10. Melodía 10: Hombres, mujeres y niños
11. Melodía 11: Hombres, mujeres y niños
12. Melodía 12: Hombres, mujeres y niños
13. Melodía 13: Hombres
14. Melodía 14: Mujeres y niños
15. Melodía 15: Hombres
16. Melodía 16: Mujeres y niños
17. Melodía 17: Hombres
18. Melodía 18: Hombres
19. Melodía 19: Hombres
20. Melodía 20: Mujeres y niños
21. Melodía 21: Mujeres y niños
22. Melodía 22: Mujeres y niños
23. Tono de Mi♭: Hombres
24. Tono de Do: Hombres
25. Tono de Mi♭: Hombres
26. Tono de Do: Hombres
27. Tono de Si: Mujeres y niños
28. Tono de Do: Mujeres y niños
29. Tono de Si♭: Mujeres y niños
30. Tono de Do: Mujeres y niños

MELODÍAS MÁS AVANZADAS

31. Tono de Si: Hombres
32. Tono de Sol: Mujeres y niños
33. *Twinkle, Twinkle Little Star*: Hombres
34. *Twinkle, Twinkle Little Star*: Mujeres y niños
35. Tono de Re♭: Hombres
36. Tono de La: Mujeres y niños
37. Canción que repite: Hombres
38. Canción que repite: Mujeres y niños
39. Tono de Mi♭: Hombres
40. Tono de Si: Mujeres y niños
41. Tono de Mi: Hombres
42. Tono de Do: Mujeres y niños

LAS 12 ESCALAS MAYORES

43. Escala de SI
44. Escala de DO
45. Escala de DO♯ o RE♭
46. Escala de RE
47. Escala de RE♯ o MI♭
48. Escala de MI
49. Escala de FA
50. Escala de FA♯ o SOL♭
51. Escala de SOL
52. Escala de SOL♯ o LA♭
53. Escala de LA
54. Escala de LA♯ o SI♭

CANCIONES COMPLETAS SENCILLAS

55. Tono de SOL: Hombres
56. Tono de RE♭: Mujeres y niños
57. Tono de LA: Hombres
58. Tono de FA: Mujeres y niños
59. Tono de DO: Hombres
60. Tono de SOL: Mujeres y niños
61. Tono de RE: Hombres
62. Tono de SI♭: Mujeres y niños
63. Tono de MI: Hombres
64. Tono de SI♭: Mujeres y niños
65. Yo te quiero mi amor: Hombres
66. Yo te quiero mi amor: Mujeres y niños

VOCALIZACIÓN

67. *Ah Eh Ih Oh Uh*
68. *Blah*
69. *Ho Ho*
70. *Pa*
71. *Rah*
72. Tono Menor

PRIMER NIVEL: APRENDE CANTO FÁCILMENTE
POR VÍCTOR M. BARBA

Gracias a MI familia por ayudarme y apoyarme en la realización de este libro. Gracias también a Betty, mi esposa y a mis dos hijos, Carlos y Cindy.

NOTA BIOGRÁFICA DEL AUTOR

Víctor M. Barba estudió música en el Conservatorio Nacional de Música de México D.F. Cuenta en su poder con varios premios entre los que se encuentran dos premios Nacionales de Composición. Es así mismo autor de un concierto para piano y unas variaciones sinfónicas. Su música ha sido interpretada por la Orquesta Sinfónica del Estado de México, bajo la dirección del Maestro Eduardo Díazmuñoz G. Desde muy joven impartió clases de música en diferentes escuelas y a nivel privado, pero no fue hasta 1996 que fundara la escuela Easy Music School. Su sistema de aprendizaje *Música Fácil* © ha ayudado a miles de personas aprender música de una manera práctica y profesional. Como productor de discos y arreglista trabajó junto a Cornelio Reyna y recientemente compuso la banda sonora de la película *Sueños amargos* protagonizada por Rozenda Bernal y Alejandro Alcondez. Víctor M. Barba se destaca también como autor y ha publicado varios métodos para tocar instrumentos musicales tan variados como: teclado, acordeón, batería, solfeo e incluso canto. En la actualidad se concentra en la escritura de libros para trompeta, violín y armonía. Es miembro de BMI y sus canciones han sido interpretadas por artistas de renombre internacional.